Yo Soy

Una Abeja

REBECCA Y JAMES MCDONALD

Recojo néctar dulce de las flores, así puedo hacer deliciosa miel. También ayudo a las plantas a producir semillas mediante la polinización.

Mi colonia vive en una colmena hecha de cera y pegamento especial para abejas llamado propóleo. Nuestra colmena es nuestra casa. A veces nos gusta construir colmenas en árboles, troncos caídos, cuevas o incluso entre rocas.

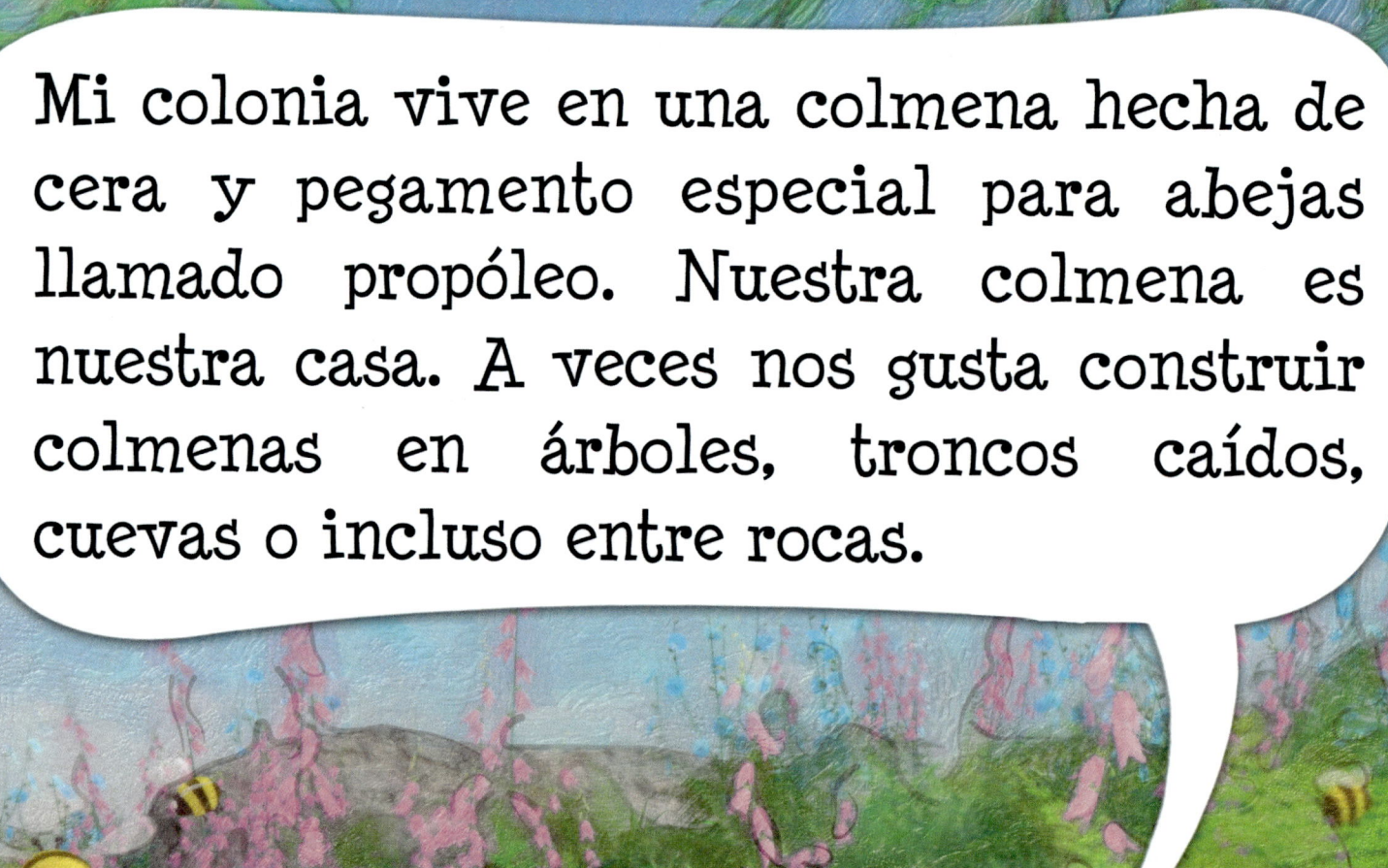

Elegir un lugar seguro para construir la colmena es muy importante. Hay muchos animales alrededor que les encantaría comer abejas o engullir nuestra miel.

En una colonia, cada abeja tiene un trabajo que hacer. Primero, está la abeja reina. Su trabajo es producir huevos. Después, están los zánganos. Su trabajo es ayudar a la reina a hacer huevos. Por último, pero no menos importante, están las abejas obreras. ¡Eso es lo que yo soy, y tenemos muchos trabajos por hacer!

Cuando era una abeja joven, mis primeros trabajos fueron mantener la colmena limpia, alimentar y cuidar la colonia. Afortunadamente, las abejas obreras son realmente buenas trabajando juntas y ayudándose unas a otras.

A medida que crecía, también lo hicieron mis trabajos. Una vez que mi cuerpo pudo producir cera, me convertí en un constructor. Me aseguré de que hubiera suficientes habitaciones para todas las abejas bebé y espacio adicional para almacenar mucho polen y néctar que se convertiría en miel.

Al batir nuestras alas o hacer vibrar nuestros cuerpos, las abejas obreras mantenemos la colmena a una temperatura perfecta, no demasiado caliente ni demasiado fría, por lo que se le puede dar forma a la cera, se puede extender el pegamento y se puede hacer la miel.

Las abejas obreras vigilan y protegen la colmena y la colonia en el interior. Como guardia, ¡tenía que estar atenta a otros insectos y animales que quisieran robar miel o dañar la colmena!

Ahora que soy una abeja mayor, tengo un nuevo trabajo. ¡Soy una recolectora! Las abejas generalmente nunca salen de la colmena, a menos que haya una emergencia, o si están buscando comida y agua.

Ser una recolectora es un trabajo realmente importante. Me voy buscando áreas de flores abiertas que tengan mucho polen delicioso y néctar dulce. El néctar es un jugo azucarado, y el polen es un polvo amarillo. Ambas son mis comidas favoritas.

Me arrastro dentro de una flor y cargo todo lo que puedo cargar. Tengo una bolsa especial en el estómago para transportar el néctar y tengo canastas de polen en mis dos patas traseras para cuando llevo polen adicional.

El polen es realmente pegajoso y siempre termino cubierta de él. Eso hace felices a las plantas, porque cuando vuelo a la próxima flor, dejo caer polen, lo que ayuda a las plantas a producir semillas. Los científicos llaman a esto polinización. ¡Muchas semillas significan más verduras, frutas y flores bonitas para todos!

Almacenar mucha miel para el invierno es realmente importante. Cuando hace frío, las abejas se quedan dentro de la colmena, comen la miel almacenada y vuelan juntas en un gran círculo apretado para mantenerse calientes.

Los científicos dicen que las abejas como yo son realmente útiles para las personas. Debido a que trasladamos el polen de una planta a otra, somos parte de la razón por la cual hay tantas frutas, verduras y nueces deliciosas para elegir en el supermercado.

Las recolectoras vuelan por todos lados. A veces eso puede causarnos grandes problemas. Cuando volamos a lugares donde la gente ha rociado químicos para deshacerse de otros insectos, también nos enferman. Los productos químicos pueden llegar a la colmena, convirtiéndola en un lugar poco saludable para vivir.

Las personas pueden ayudar a las abejas al no usar productos químicos que las enferman. Puedes ayudar compartiendo lo que has aprendido sobre las abejas con tu familia, amigos y en tu clase.

¿En dónde viven las abejas?

¿Qué les gusta comer a las abejas?

¿Cómo se dicen las recolectoras dónde encontrar flores?

¿Cómo ayudan las abejas a las personas?

¿Cómo pueden las personas ayudar a las abejas?

Yo soy una Abeja

ISBN: 978-1-950553-20-4

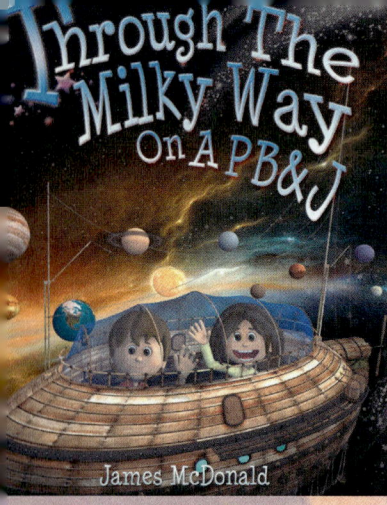
Through The Milky Way On A PB&J

James McDonald

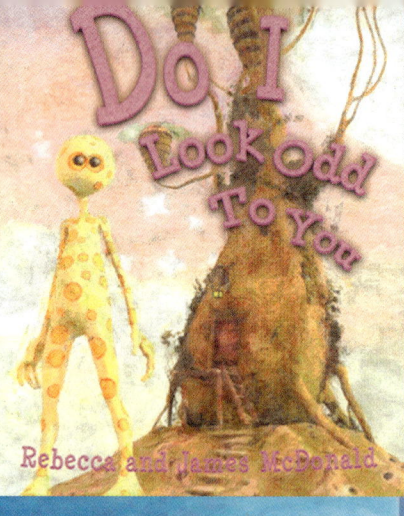
Do I Look Odd To You

Rebecca and James McDonald

ALPHA THE ALPHA-BOT

GUARDIAN OF THE ALFURBETS

REBECCA AND JAMES MCDONALD

Bo the Bear BUILDS a Race

REBECCA AND JAMES MCDO

Yo Soy Un Dinosaurio

REBECCA Y JAMES MCDONALD

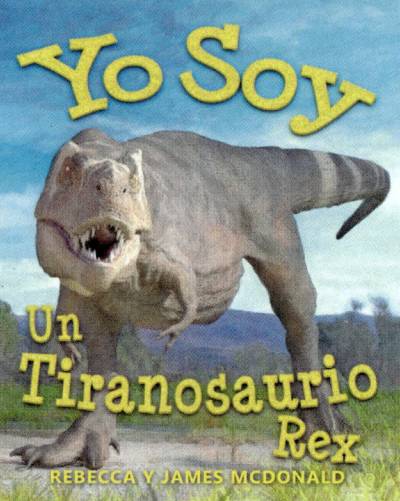
Yo Soy Un Tiranosaurio Rex

REBECCA Y JAMES MCDONALD

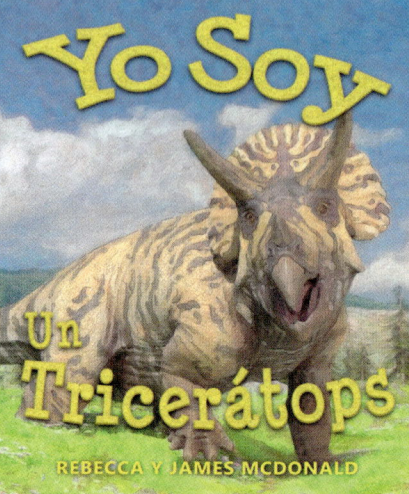
Yo Soy Un Tricerátops

REBECCA Y JAMES MCDONALD

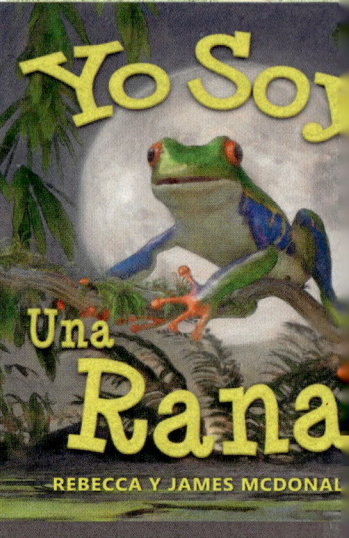
Yo Soy Una Rana

REBECCA Y JAMES MCDONAL

Mira también estos otros libros de House of Lore

Yo Soy El Sol

REBECCA Y JAMES MCDONALD

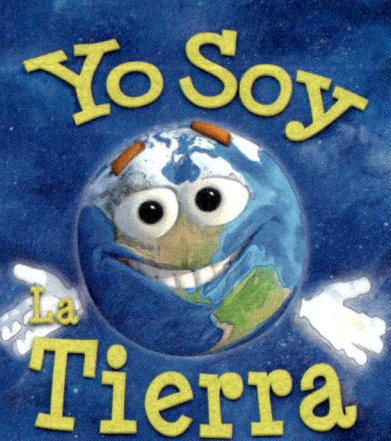
Yo Soy La Tierra

REBECCA Y JAMES MCDONALD

Yo Soy La Luna

REBECCA Y JAMES MCDONALD

Yo Soy Marte

REBECCA Y JAMES MCDONALD

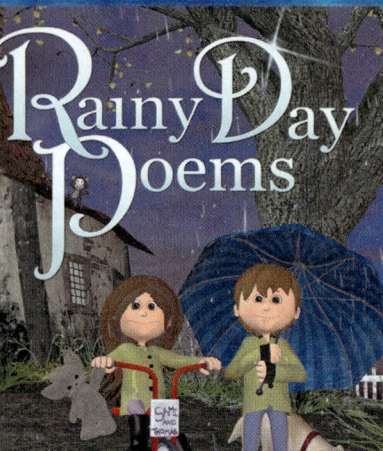
Rainy Day Poems

Los Garabatos

REBECCA AND JAMES MCDONALD

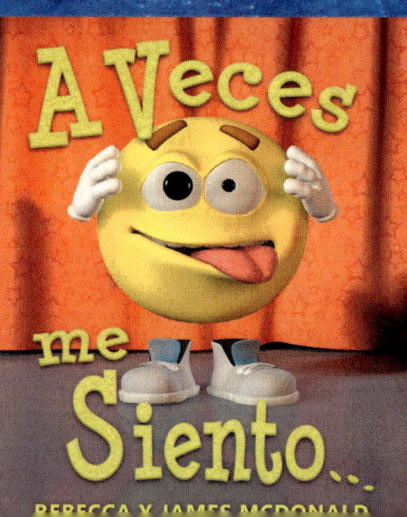
A Veces me Siento...

REBECCA Y JAMES MCDONALD

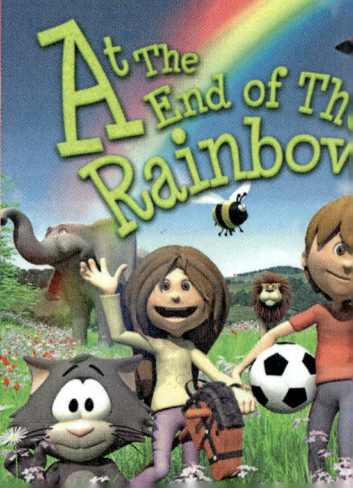
At The End of The Rainbow